BEI GRIN MACHT SICH IHR WISSEN BEZAHLT

- Wir veröffentlichen Ihre Hausarbeit, Bachelor- und Masterarbeit

- Ihr eigenes eBook und Buch - weltweit in allen wichtigen Shops

- Verdienen Sie an jedem Verkauf

Jetzt bei www.GRIN.com hochladen und kostenlos publizieren

Bibliografische Information der Deutschen Nationalbibliothek:

Die Deutsche Bibliothek verzeichnet diese Publikation in der Deutschen Nationalbibliografie; detaillierte bibliografische Daten sind im Internet über http://dnb.d-nb.de/ abrufbar.

Dieses Werk sowie alle darin enthaltenen einzelnen Beiträge und Abbildungen sind urheberrechtlich geschützt. Jede Verwertung, die nicht ausdrücklich vom Urheberrechtsschutz zugelassen ist, bedarf der vorherigen Zustimmung des Verlages. Das gilt insbesondere für Vervielfältigungen, Bearbeitungen, Übersetzungen, Mikroverfilmungen, Auswertungen durch Datenbanken und für die Einspeicherung und Verarbeitung in elektronische Systeme. Alle Rechte, auch die des auszugsweisen Nachdrucks, der fotomechanischen Wiedergabe (einschließlich Mikrokopie) sowie der Auswertung durch Datenbanken oder ähnliche Einrichtungen, vorbehalten.

Impressum:

Copyright © 2014 GRIN Verlag
Druck und Bindung: Books on Demand GmbH, Norderstedt Germany
ISBN: 9783668804753

Dieses Buch bei GRIN:

https://www.grin.com/document/442412

Saskia Ziegler

Ausdauertraining: Trainingsplanung Mesozyklus mit Diagnose und Zielsetzung

GRIN Verlag

GRIN - Your knowledge has value

Der GRIN Verlag publiziert seit 1998 wissenschaftliche Arbeiten von Studenten, Hochschullehrern und anderen Akademikern als eBook und gedrucktes Buch. Die Verlagswebsite www.grin.com ist die ideale Plattform zur Veröffentlichung von Hausarbeiten, Abschlussarbeiten, wissenschaftlichen Aufsätzen, Dissertationen und Fachbüchern.

Besuchen Sie uns im Internet:

http://www.grin.com/

http://www.facebook.com/grincom

http://www.twitter.com/grin_com

Deutsche Hochschule für

Prävention und Gesundheitsmanagement

Hermann Neuberger Sportschule 3

66123 Saarbrücken

Einsendeaufgabe

Fachmodul:	Trainingslehre 2
Studiengang:	Gesundheitsmanagement
Datum Präsenzphase	10.11.14-12.11.14
Name, Vorname:	Ziegler, Saskia
Studienort:	**Köln**
Semester:	**Wintersemester 2013**

Inhaltsverzeichnis

1 DIAGNOSE 3

1.1 Allgemeine und biometrische Daten 3

1.2 Leistungsdiagnostik/ Ausdauertraining 3

1.3 Gesundheits- und Leistungsstatus der Person.. 6

2 ZIELSETZUNG/PROGNOSE 6

3 TRAININGSPLANUNG MESOZYKLUS 7

3.1 Grobplanung Mesozyklus 7

3.2 Detailplanung Mesozyklus 7

3.3 Begründung zum Mesozyklus 9

4 LITERATURRECHERCHE 11

5 LITERATURVERZEICHNIS 12

6 TABELLENVERZEICHNIS 13

1 Diagnose

1.1 Allgemeine und biometrische Daten

Tabelle 1: Allgemeine und biometrische Daten

Allgemein	Biometrisch
Alter: 58	**Blutdruck:** 142 mmHg/ 95 mmHg
Geschlecht: weiblich	**Bewertung Blutdruck:** anhand der (Blutdruckklassifikation der American Heart Association): optimal: unter 120/ unter 80 mmHg normal: unter 130/ unter 85 mmHg hochnormal: 130-139/ 85-89 mmHg Hypertonie Grad 1: 140-159/ 90-99 mmHg Hypertonie Grad 2: 160-179/ 100-109 mmHg Hypertonie Grad 3: 180 oder größer/ 110 mmHg oder größer → leichte Hypertonie (Schweregrad 1)
Körpergröße: 1,59 cm	**Ruhepuls:** 64 S/ min
Körpergewicht: 62 kg	**Bewertung Ruhepuls:** Norm: 60-80 S/ min → normaler Ruhepuls
Trainingsmotive: auf Anraten des Arztes etwas für die Gesundheit tun, Wohlbefinden, Ausgleich zum Berufsalltag	**BMI:** 24,5
Berufliche Tätigkeit: Versicherungskauffrau	**Bewertung BMI: Norm:** 18,5-24,9 → liegt an oberer Grenze, allerdings noch im Normalbereich
Sportliche Aktivität früher: 1 x pro Woche Walken für 30 Min. mit ca. 6 km/h Durchschnittsgeschwindigkeit	**Körperfettanteil:** 26%
Sportliche Aktivität aktuell: seit einem Jahr keine regelmäßige Aktivität, gelegentlich Radtouren, Gymnastikkurse	**Orthopädische / internistische Probleme:** gelegentlich leichte Rückenschmerzen
Leistungsstufe / Umfang: Untrainiert, seit einem Jahr keine Aktivität	**Ärztliche Behandlung:** keine
Zeitlicher Verfügungsrahmen: aufgrund häufiger Außeneinsätze höchstens 3 x pro Woche zu je 1,5 h.	**Einnahme von Medikamenten:** keine

1.2 Leistungsdiagnostik/ Ausdauertraining

Fahrradergometertest: IPN-Test

Begründung: Aufgrund des weiblichen Geschlechts und des untrainierten Leistungszustands der oben vorgestellten Testperson ist der WHO-Test gut geeignet. Allerdings fällt die Auswahl auf den IPN-Test, da dieser folgende Vorteile aufweist.

Neben der Möglichkeit einer Bewertung der Ausdauerfähigkeit auch ohne vollständige Ausbelastung der Testperson anhand alters- und geschlechtsbezogener Norm-Soll-Leistungsvorgaben, findet eine Voreinstufung hinsichtlich der Belastbarkeit der Person statt. Des Weiteren besteht die Auswahlmöglichkeit für das entsprechende Belastungsschema der WHO oder des von Hollmann und Venrath, die Grundlagen des IPN-Test darstellen.

Ein weiterer Vorteil besteht darin, dass es sich um ein in sich abgeschlossenes Testverfahren handelt, das eine direkte Ableitung von Trainingsempfehlungen ermöglicht.

Zusammenfassend bietet der IPN-Test eine große Anwendungsmöglichkeit für unterschiedliche Zielgruppen (vgl. Reiß & Eifler, 2014, S.69 ff).

Bei der praktischen Durchführung des IPN-Tests wird zunächst einmal die Voreinstufung der zu testenden Person vorgenommen. Diese vollzieht sich wie folgt. Neben des Geschlechts und dem Lebensalter werden die Ruheherzfrequenz und die ausdauerrelevante Aktivität berücksichtigt. Anhand der Tabelle (vgl. Trunz, 2001; Institut für Prävention und Nachsorge, 2004, S.69) lässt sich die Zielherzfrequenz nach Ruheherzfrequenz und Lebensalter ermitteln. Im nächsten Schritt wird zusätzlich die Trainingshäufigkeit ausdauerrelevanter Aktivität herangezogen. Mittels einer weiteren Tabelle (vgl. Trunz, 2001, S.70) wird dann je nach Trainingszustand und Ausdauerhäufigkeit ein Pulsaufschlag zu der zuvor ermittelten Zielherzfrequenz erhoben. Somit ergibt sich bei der Testperson mit einem Alter von 58 Jahren und einem Ruhepuls von 64 S/min eine Zielherzfrequenz von 125 S/min. Ein Pulsaufschlag wird nicht berechnet, da die Testperson als kaum trainiert eingestuft wird. Grund dafür ist, dass sie seit einem Jahr nur unregelmäßig sportlich aktiv ist und früher nur moderates Ausdauertraining betrieben hat. Folglich bleibt die ermittelte Zielherzfrequenz von 125 S/min unverändert, welche als Abbruchkriterium für den folgenden Test dient.

Nun folgt die Auswahl für das entsprechende Belastungsschema. Die definierte Zielherzfrequenz sollte nach Möglichkeit nicht vor bzw. im Bereich der vierten Belastungsstufe erreicht werden, um eine ausreichend lange Belastungszeit zu gewährleisten, damit ein Übergang vom aeroben zum aerobanaeroben Stoffwechsel möglich wird (vgl. Reiß & Eifler, 2014, S.70)

Für die Testperson, die eher als leistungsschwach eingestuft wurde, findet das Belastungsschema der WHO Anwendung. Der Testverlauf wird in folgender Tabelle verdeutlicht.

Tabelle 2: Testprotokoll Radergometertest IPN,WHO

Belastungsart	Submaximale Belastung, Stufentest
Eingangsbelastung	25 Watt
Stufendauer	2 Minuten
Belastungssteigerung	25 Watt
Trittfrequenz	ca. 60-80 U/min
Pulsobergrenze	Zielherzfrequenz nach IPN nach Voreinstufung 125 S/min
Abbruchgrenze	Ermittele Zielherzfrequenz 125 S/min
Testgröße	Wattzahl der zuletzt durchgefahrenen Belastungsstufe bei Erreichen der definierten Pulsobergrenze bzw. Zeitinterpolation, wenn die Pulsobergrenze vor dem Ende der entsprechenden Belastungsstufe erreicht wird
Minute 1, 2 (25 Watt)	Hf 1: 72, Hf 2: 81
Minute 3, 4 (50 Watt)	Hf 1: 93, Hf 2: 101
Minute 5, 6 (75 Watt)	Hf 1: 112, Hf 2: 120
Minute 7, 8 (100 Watt)	Hf 1: 126 Hf 2: /
Watt gesamt	ca. 88
Watt/Kg	ca. 1,42

Das Testergebnis mit einem Wert von 1,42 Watt/Kg kann in der Normtabelle für submaximale Radergometertests, die die relative Watt-Soll-Leistung bei Frauen umfasst, eingeordnet werden. Somit besteht die Möglichkeit einer Bewertung.

Mit einem Alter von 58 Jahren und dem Wert von 1,42 liegt das Ergebnis im durchschnittlichen oberen Bereich. Darüberhinaus ergibt sich eine Intensität von 0,62 welche als Intensitätsfaktor zur Berechnung der empfohlenen Trainingsherzfrequenz dienen soll.

1.3 Gesundheits- und Leistungsstatus der Person

Aus den Daten zur Person, sowie dem Testergebnis gehen folgende Schlussfolgerungen hervor.

Der Gesundheitszustand ist fast uneingeschränkt, einziger zu berücksichtigender Faktor ist die leichte Hypertonie. Daher ist die Belastbarkeit der Person als ziemlich gut einzustufen.

Der durch den Test ermittelte weniger trainierte bis durchschnittliche Leistungszustand lässt ebenso eine gute Belastbarkeit zu. Hinsichtlich der Trainierbarkeit ist zu erwähnen, dass gute Voraussetzungen gegeben sind aber noch viel „Luft nach oben" besteht.

2 Zielsetzung/Prognose

1. Ziel (biometrisch): Blutdruck senken um 14 mm/Hg systolisch und 11 mm/Hg diastolisch in 12 Wochen.
   Begründung: Neben eigenem Interesse an gesundheitlicher Aktivität, erhält der Rat des Arztes in diesem Punkt besondere Bedeutung und wird daher in die Tat umgesetzt.
2. Ziel (biometrisch): Körperfettanteil senken um 2% in 12 Wochen.
   Begründung: Sicherlich spielt auch hier der gesundheitliche Nutzen eine Rolle, aber auch ein verbesser-

tes Wohlbefinden wird dadurch angestrebt.

3. Ziel (sportmotorisch): Kalorienverbrauch von 1000 Kcal/Woche durch sportliche Aktivität erreichen in 6 Wochen. Begründung: Das Training soll nicht nur gesundheitlichen Nutzen tragen, sondern auch eine gewisse Herausforderung darstellen, wodurch ein Ausgleich zum Berufsalltag anvisiert wird.

3 Trainingsplanung Mesozyklus

3.1 Grobplanung Mesozyklus

Tabelle 3: Grobplanung Mesozyklus für einen untrainierten bis gesundheitsorientierten Fitness-Sportler

Mesozyklus	
Dauer	6 Wochen
Trainingsziel	Entwicklung der Grundlagenausdauer
Belastungsumfang/Woche	1-2 Stunden
Trainingsmethoden	-extensive Dauermethode -variable Dauermethode -intensive Dauermethode
Trainingsintensität	-60-75% Hf_{max} (extensiv) -60-85% Hf_{max} (variabel) -75-85% Hf_{max} (intensiv)
Trainingshäufigkeit/Woche	-2 mal (1. und 2. Woche) -3 mal
Dauer pro Trainingseinheit	-20-45Min (extensiv) -30-50Min (variabel) -25-30Min (intensiv)
Trainingsgeräte	Fahrrad, Crosstrainer

3.2 Detailplanung Mesozyklus

Tabelle 4: Darstellung eines 6-wöchigen Mesozyklus für einen untrainierten bis gesundheitsorientierten Fitness-Sportler

Woche 1	Montag	Mittwoch	-	Woche 2	Montag	Mittwoch	-
Trainingsziel	GA1	GA1		Trainingsziel	GA1	GA1	
Trainingsmethode	Extensive DM	Variable DM		Trainingsmethode	Extensive DM	Variable DM	
Trainingsintensität	60-65 % Hfmax	60-70 % Hfmax		Trainingsintensität	60-65 % Hfmax	60-70 % Hfmax	
Pulsobergrenze / -untergrenze nach KARVONEN	ca. 115 S/min ca. 111 S/min	ca. 133 S/min ca. 123 S/min		Pulsobergrenze / -untergrenze nach KARVONEN	ca. 115 S/min ca. 111 S/min	ca. 133 S/min ca. 123 S/min	
Trainingsdauer	20 Min	30 Min (5:5)		Trainingsdauer	25 Min	35 Min (5:5)	
Trainingsgerät	Fahrrad	Crosstrainer		Trainingsgerät	Fahrrad	Crosstrainer	
Woche 3	Montag	Mittwoch	Freitag	Woche 4	Montag	Mittwoch	Freitag
Trainingsziel	GA1	GA1	GA1	Trainingsziel	GA1	GA1	GA2
Trainingsmethode	Extensive DM	Variable DM	Extensive DM	Trainingsmethode	Extensive DM	Variable DM	Intensive DM
Trainingsintensität	60-65 % Hfmax	60-70 % Hfmax	60-70% Hfmax	Trainingsintensität	60-65% Hfmax	60-70 % Hfmax	75-80 % Hfmax
Pulsobergrenze / -untergrenze nach KARVONEN	ca. 115 S/min ca. 111 S/min	ca. 133 S/min ca. 123 S/min	ca. 119 S/min ca. 111 S/min	Pulsobergrenze / -untergrenze nach KARVONEN	ca. 115 S/min ca. 111 S/min	ca. 133 S/min ca. 123 S/min	ca. 126 S/min ca. 122 S/min
Trainingsdauer	35 Min	40 Min (5:5)	35 Min	Trainingsdauer	45 Min	50 Min (10:10)	30 Min
Trainingsgerät	Fahrrad	Crosstrainer	Fahrrad	Trainingsgerät	Fahrrad	Crosstrainer	Fahrrad
Woche 5	Montag	Mittwoch	Freitag	Woche 6	Montag	Mittwoch	Freitag
Trainingsziel	GA1	GA1	GA1	Trainingsziel	GA1	GA1	GA 2
Trainingsmethode	Extensive DM	Variable DM	Extensive DM	Trainingsmethode	Extensive DM	Variable DM	Intensive DM
Trainingsintensität	65-70% Hfmax	70-80% Hfmax	70-75 % Hfmax	Trainingsintensität	70-75 % Hfmax	75-85 % Hfmax	80-85% Hfmax
Pulsobergrenze / -untergrenze nach KARVONEN	ca. 119 S/min ca. 115 S/min	ca. 142 S/min ca. 133 S/min	ca. 123 S/min ca. 119 S/min	Pulsobergrenze / -untergrenze nach KARVONEN	ca. 123 S/min ca. 119 S/min	ca. 147 S/min ca. 138 S/min	ca. 130 S/min ca. 126 S/min
Trainingsdauer	35 Min	40 Min (10:10)	30 Min	Trainingsdauer	25 Min	35 Min (5:5)	25 Min
Trainingsgerät	Fahrrad	Crosstrainer	Fahrrad	Trainingsgerät	Fahrrad	Crosstrainer	Fahrrad

3.3 Begründung zum Mesozyklus

Belastungsumfang: Für die ersten zwei Wochen wurde ein 2-maliges Ausdauertraining mit niedrigeren Intensitäten visualisiert, da die Person seit einem Jahr kein Sport mehr betrieben hat. Die Belastungsdauer beträgt 50-60 Min/Woche, was das Endziel für einen Trainingseinsteiger bezüglich des Minimalprogramms darstellt (vgl. Zintl & Eisenhut, 2001, S.206). Die Person ist allerdings kein kompletter Einsteiger, sondern nimmt das Ausdauertraining nach einer einjährigen Pause wieder auf. Nach den ersten zwei Wochen als Gewöhnungsphase, wird der wöchentliche Belastungsumfang zum einen über die Häufigkeit/Woche von 2 auf 3 mal und zum anderen über die Trainingsdauer/Trainingseinheit erhöht. Der Gesamtumfang/Woche ist mit 125 Minuten am höchsten und nimmt ab dem Zeitpunkt leicht ab, da anschließend mit wiederum mit höheren Intensitäten trainiert wird.

Trainingsmethoden: Übergeordnetes Trainingsziel ist die Entwicklung der Grundlagenausdauer, sowie dessen Stabilisierung. Im Vordergrund steht hierbei die extensive Dauermethode, die einen Trainingsschwerpunkt im obigen Mesozyklus darstellt. Ebenso findet die variable Dauermethode im GA1 Training Anwendung (vgl. Neumann et al., Hottenrott, 2006, S.193). Hinsichtlich des Gesundheits- und Leistungszustands der Person stellen die oben genannten Methoden keine Probleme dar, da mit niedrigere bis mittlerer Intensität trainiert wird. Angestrebt wird durch diese Methodik eine Ökonomisierung der Herz-Kreislauf-Arbeit, sowie eine verbesserte periphere Durchblutung (vgl. Reiß, Eifler, 2014, S.163). Die intensive Dauermethode erfährt auch zweimal Anwendung, da die Gesundheits- sowie Leistungsvoraussetzungen der Person dies zulassen und auf die GA1 aufbauend eine Weiterentwicklung der Grundlagenausdauer, sowie eine Erhöhung der aerob-anaeroben Schwelle ferner angestrebt wird (Hottenrott, 2006; Neumann et al, 2007). Hinsichtlich des gesundheitsorientierten Ausdauertrainings, was einem Trainingsmotiv der Person sehr nahe kommt, stellt die Dauermethode in den drei obigen genannten Varianten, das Grundgerüst dar (vgl. Reiß & Eifler, 2014, S.178).

Belastungsprogression: Um eine Anpassung des Organismus an eine über längere Zeit gleich bleibende Belastung zu vermeiden, muss die Trainingsbelastung allmählich bzw. sprunghaft gesteigert werden. Sprich es soll an der trainingswirksamen Reizschwelle trainiert werden. Dies geschieht mittels der progressiven Belastungssteigerung. Sinnvoll ist eine Reihenfolge folgender Belastungskomponenten: 1. Steigerung der Häufigkeit pro Woche, 2. Trainingsdauer pro Trainingseinheit und 3. Erhöhung der Intensität (Grosser & Starischka, o.J.). Somit wird hinsichtlich der Trainingsprinzipien zum einen das Prinzip der progressiven Belastungssteigerung, als auch das des trainingswirksamen Reizes berücksichtigt.

Trainingsbereiche: Aufgrund des Leistungszustands der Person und der gesundheitlichen Voraussetzungen, als auch der Trainingsziele erfolgt das Training hauptsächlich im GA1-Bereich. Die vorgestellte Person ist zur Zeit sportlich inaktiv, allerdings gewillt, etwas für ihre Gesundheit zu tun. Im Rahmen eines gesundheitsbezogenen Ausdauertrainings wird der Aufbau einer Grundlagenausdauer angestrebt. Daher sollte zunächst die Grundlagenausdauer aufgebaut werden, die folglich stabilisiert wird. Erst dann ist eine Weiterentwicklung der Grundlagenausdauer sinnvoll, die im GA2 -Bereich erfolgt [vgl. Tab.48: Ziele, Methoden und Intensitäten für das Ausdauertraining in den einzelnen Trainingsbereichen (modifiziert nach (Hottenrott, 2006; Neumann et al., 2007)]

Ausdauergeräte: Im Sinne der Trainingsmittelvielfalt, ferner auch des Prinzips der variierenden Belastung wurden zwei unterschiedliche Geräte ausgewählt, die unterschiedliche Muskelgruppen beanspruchen (Weineck, 2009). Zum einen das Fahrrad, da die Person gelegentlich Radtouren macht und diese Bewegungsform gewöhnt ist. Zum anderen der Crosstrainer, der Abwechslung bieten soll. Außerdem bewirkt er einen vergleichsweise höheren cardiopulmonären Trainingseffekt, sowie einen höheren Kalorienverbrauch, was sich in den Trainingsmotiven der Person widerspiegelt. Die etwas höheren koordinativen Anforderungen als beim Fahrrad, sollten für die Testperson keine Probleme darstellen, da sie kein völliger Beginner ist und gesundheitlich auch keine Einschränkungen aufweist.

4 Literaturrecherche

Auswahl des Themas:

Effekte des Ausdauertrainings bei arterieller Hypertonie

1. Studie: - durchgeführt wurde die Studie „Der Effekt von körperlicher Aktivität auf die arterielle Hypertonie und andere Herz-Kreislauf-Risikofaktoren" von einem Prof. Dr. med. Bönner.

- veröffentlicht wurde die Studie im „Journal für Hypertonie - Zeitschrift für Hochdruckerkrankungen" im Jahr 2006.

- getestet wurden neben hypertensiven Patienten auch normotensive Personen (nur männliche Versuchspersonen).

- aufgebaut wurde die Studie so, dass Hypertoniker als auch Normotoniker über einen längeren Zeitraum beobachtet wurden, die körperlich aktiv und weniger aktiv waren.

- daraus ergab sich als erste Erkenntnis, dass bei körperlicher Belastung der Blutdruck kurzfristig gesteigert wird, langfristig allerdings in Ruhe und unter Belastung gesenkt. Ferner stellte sich heraus, dass Normotoniker ohne körperliche Aktivität ein höheres koronares Risiko aufweisen als Hypertoniker die sportlich aktiv sind.

2. Studie: - durchgeführt wurde die Studie „Bluthochdruck und Sport" von einem Prof. Dr. Hans-Georg Predel.

- veröffentlicht wurde das Ganze in der „Deutschen Zeitschrift für Sportmedizin" im Jahr 2007.
- Testpersonen waren Patienten mit primärer arterieller Hypertonie.
- es erfolgten bei den Testpersonen Ausdauerbelastungen mit einen Intensität von 40-70% der maximalen Sauerstoffaufnahme mit einer Dauer von 30-60 Min. an mindestens 2-3 Tagen pro Woche.
- daraus ergab sich die Erkenntnis über ein antihypertensives Potential von 7-9 mmHg systolisch und 5-7 mmHg diastolisch. Das Ausmaß der Senkung ist in der Regel umso größer, je höher der Ausgangsblutdruck ist. Allerdings sind individuelle Abweichungen im weitem Maße möglich.

5 Literaturverzeichnis

American Heart Association (o.J.). *Blutdruckklassifikation der AHA* http://www.hausarbeit-fitnesstrainer-b-lizenz.de/hausarbeit-fitnesstrainer-b-lizenz-38.html Zugriff am 22.11.14

Bönner, G. (2006). Der Effekt von körperlicher Aktivität auf die arterielle Hypertonie und andere Herz-Kreislauf-Risikofaktoren: *Journal für Hypertonie - Zeitschrift für Hochdruckerkrankungen, 10,(3):30-34.* http://www.kup.at/kup/pdf/6067.pdf Zugriff am 22.11.14

Grosser, M. & Starischka, S. (o.J.). *Prinzip der progressiven Belastung/Belastungssteigerung* http://www.sportunterricht.de/lksport/progressive-b.html Zugriff am 22.11.14

Hottenrott, K., Neumann et al. (2007). *Ziele, Methoden und Intensitäten für das Ausdauertraining in den einzelnen Trainingsbereichen.* Studienbrief Trainingslehre 2: Saarbrücken.

Predel, H-G. (2007) Bluthochdruck und Sport: *Deutsche Zeitschrift für Sportmedizin,* 58, Nr.9 http://www.zeitschrift-sportmedizin.de/fileadmin/content/archiv2007/heft09/328-333.pdf Zugriff am 23.11.14

Reiß, M. & Eifler, C. (2014). *Trainingslehre 2.* Studienbrief: Saarbrücken.

Trunz (2001).; Institut für Prävention und Nachsorge (2004). *Voreinstufung nach Ruheherzfrequenz und Lebensalter.* Studienbrief Trainingslehre 2: Saarbrücken.

Weineck, J. (2009). *Optimales Training: Leistungsphysiologische Trainingslehre unter besonderer Berücksichtigung des Kinder- und Jugendtrainings* (16. durchgesehene Auflage). Spitta Verlag GmbH

Zintl, F. & Eisenhut, A. (2001). *Gesundheits-Minimalprogramm.* Studienbrief Trainingslehre 2: Saarbrücken.

6 Tabellenverzeichnis

Tabelle 1: Allgemeine und biometrische Daten..............................3
Tabelle 2: Testprotokoll Radergometertest IPN, WHO.....................5
Tabelle 3: Grobplanung Mesozyklus für einen untrainierten bis gesunheitsorientieren Fitness-Sportler.............................7

Tabelle 4: Darstellung eines 6-wöchigen Mesozyklus für einen untrainieten bis gesundheitsorientierten Fitness-Sportler..............................7,8

BEI GRIN MACHT SICH IHR WISSEN BEZAHLT

- Wir veröffentlichen Ihre Hausarbeit, Bachelor- und Masterarbeit

- Ihr eigenes eBook und Buch - weltweit in allen wichtigen Shops

- Verdienen Sie an jedem Verkauf

Jetzt bei www.GRIN.com hochladen und kostenlos publizieren